RUTE
A MULHER MOABITA

Publicações Pão Diário

*Rute
A mulher moabita*

© 2016 Ministérios Pão Diário.
Todos os direitos reservados.

Autores: James Sim, Neo Beng Poh
Artista gráfico: Joanne Tai, Neo Beng Poh

Editorial: Alyson Kieda, Poh Fang Chia,
  Dayse Fontoura
Tradução: Rebeca Elisie Fontoura
Revisão: Thaís Soler
Coordenação gráfica: Audrey Novac Ribeiro
Diagramação: Rebeka Werner

As citações bíblicas são extraídas
da Nova Tradução na Linguagem de Hoje
© 2011, Sociedade Bíblica do Brasil

Publicações Pão Diário
Caixa Postal 4190,
82501-970 Curitiba/PR, Brasil
Email: publicacoes@paodiario.org
Internet: www.paodiario.org
Telefone: (41) 3257-4028

Código: HZ550
ISBN: 978-1-68043-181-0

Impresso na China

1.ª edição: 2016
3.ª impressão: 2023

A história de Rute, uma mulher moabita, é marcada por muitos altos e baixos. Desde seu casamento, viuvez ainda jovem, até a partida acompanhando a sogra a uma terra que lhe era estranha, esta moça enfrenta fome e trabalho árduo para um ganho mínimo. Tudo muda quando o dono das terras onde trabalhava lhe concede o favor.

A leitura desta história bíblica aquecerá seu coração por lembrar-lhe de que Deus está atento a cada um de nós, mesmo nos momentos mais difíceis, e que envia Seu livramento em tempo oportuno.

PRÓLOGO

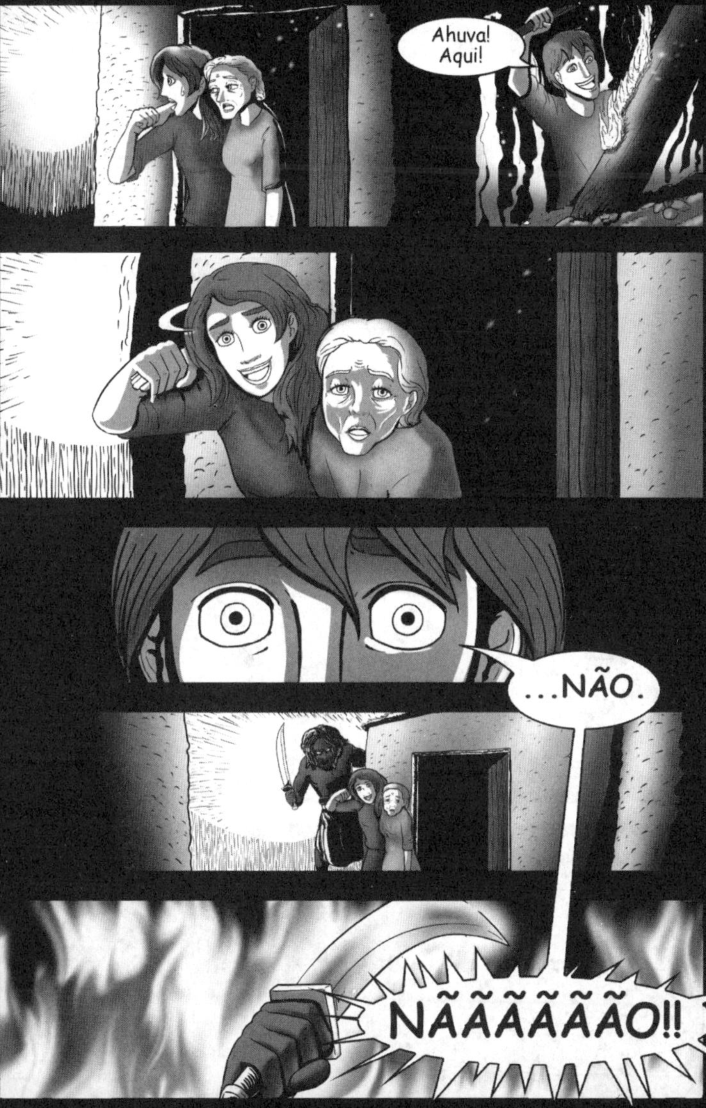
Ahuva!
Aqui!
...NÃO.
NÃÃÃÃÃÃO!!

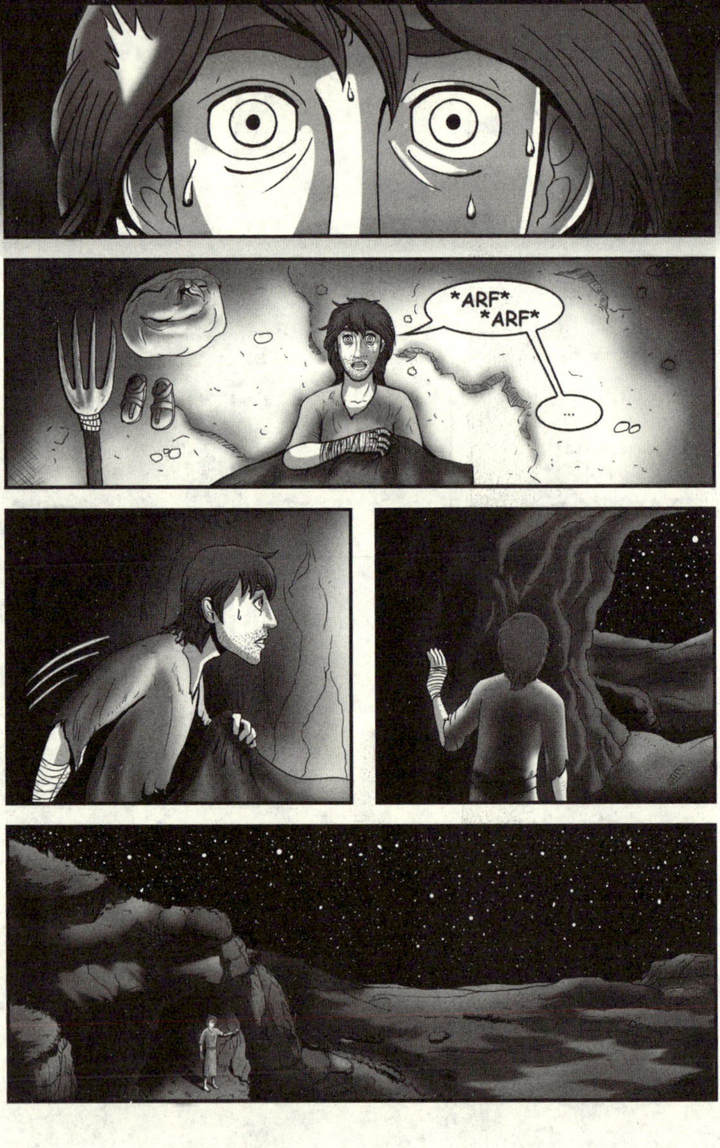
ARF *ARF*
...

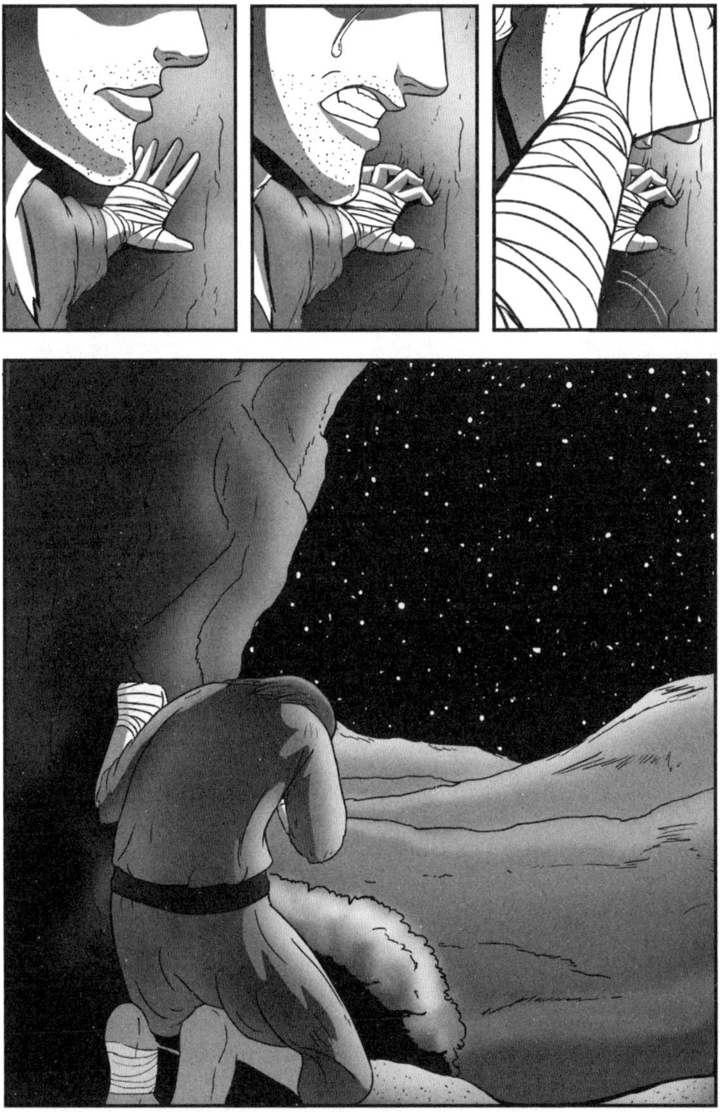

CAPÍTULO UM

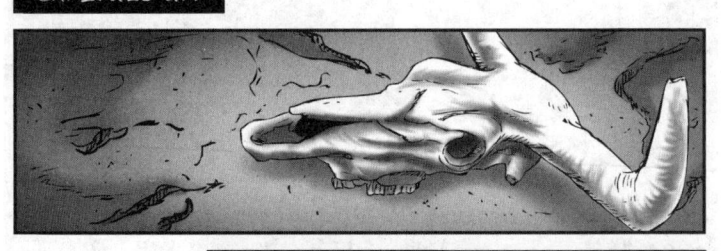

Sonhos destruídos

Eu saí de casa.

E enterrei minha Ahuva debaixo de sua árvore favorita...

Caminhei em direção ao deserto...

E nunca mais olhei para trás.

Não sei há quanto tempo eu tenho andado.

Ou para onde estou indo.

Parei de me importar.

Às vezes, lembro que tenho que comer e beber.

Mas essas coisas não são mais importantes para mim.

Só estou esperando os deuses cruéis decidirem meu destino...

Eles podem fazer o que quiserem.
...Contanto que eu veja minha Ahuva de novo.
Por aqui...
Aqui, Nadabe! É mesmo um homem!
Ele está morto?
Ele está acordando! Me passa o cantil de água, rápido!
Ahuva...
Quem é...? Deixa pra lá, beba isso, estranho.

Coloque ele em cima do jumento! Vamos levá-lo de volta para a cidade...

...Marido...

Onde você está?

Bem aqui. **ESPERE!** Não vá...

ESPERE!

TÓIM

ARGH! Ai, ai!

Onde você está?

?

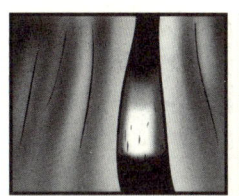

Já estendeu o tapete?

Sim, sim. Estou estendendo agora.

Ah! Você está acordado!

Mãe! Nosso convidado está de pé!

Ele quer se juntar a nós para o jantar?

Claro! Você deve estar com fome, certo?

Não! Por favor não se incomodem, eu...

ROOOONC

...Sim, por favor.

Bem-vindo à Belém, estranho!

Você deve estar faminto.

Eu sou Jedida, e estes são meus filhos, Aser...

Eu aqui!

...E Nadabe.

Sinta-se à vontade para comer o quanto quiser, estranho.

É muito generoso de sua parte. O que eu vejo aqui é mais do que...
Do que... O que eu comi por um bom tempo.
Mesmo? Estive me perguntando sobre você, estranho!
Pelos machucados no seu pé, parece que você esteve viajando de muito longe.
De onde você é?
Ah sim! E você me chamou de Ahuva!

É o nome de uma mulher certo? Você devia estar meio delirando para me confundir com ela.
Aser!
Ela é sua namorada?
Onde ela está?
AAAI!
Não pergunte mais nada.

— Estes cobertores são para você. Está começando a esfriar.

— Oh... Obrigado.

— Você e sua família têm sido muito gentis comigo.

— Quero me desculpar pela falta de consideração do Aser. Ele nem sempre pensa antes de falar.

— Está tudo bem! Ele não sabia que iria me chatear.

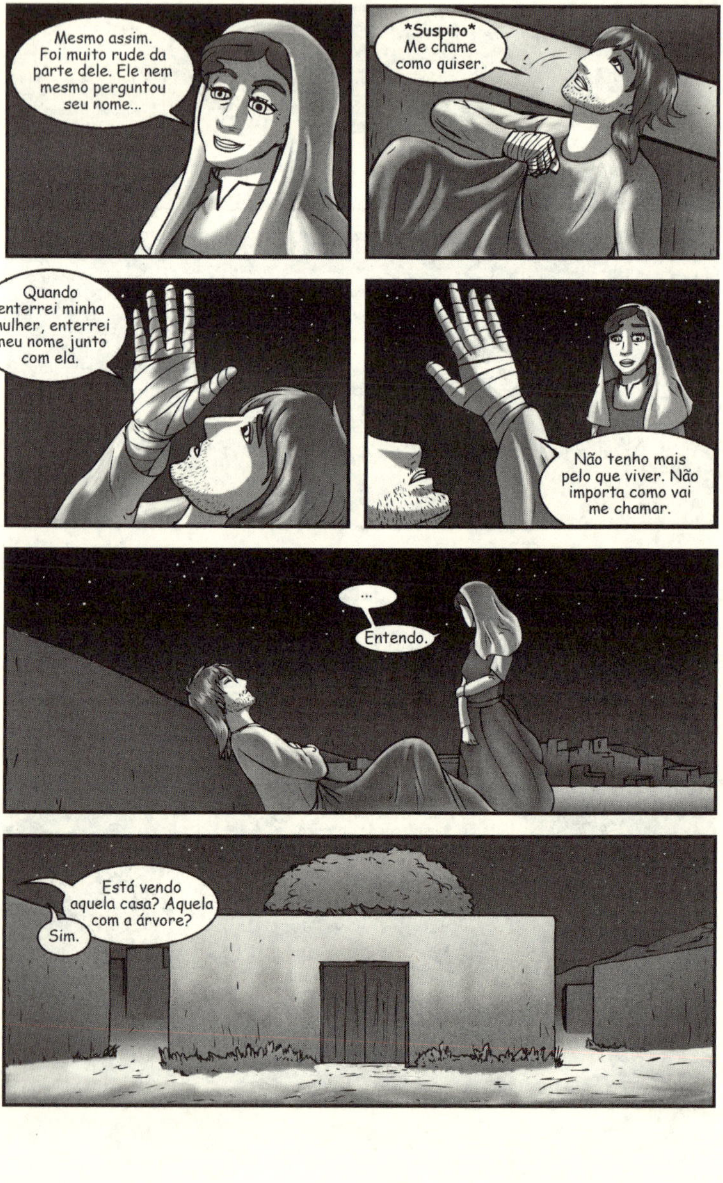
Mesmo assim. Foi muito rude da parte dele. Ele nem mesmo perguntou seu nome...
Suspiro Me chame como quiser.
Quando enterrei minha mulher, enterrei meu nome junto com ela.
Não tenho mais pelo que viver. Não importa como vai me chamar.
...
Entendo.
Está vendo aquela casa? Aquela com a árvore?
Sim.

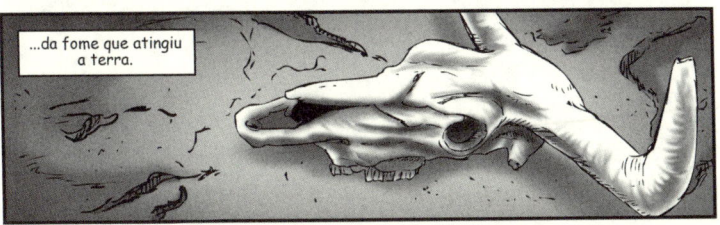

Minha vizinha, Noemi, saiu da cidade há muitos anos com seu marido e seus dois filhos.

Ela voltou sem eles.

O que aconteceu?

Anos atrás, esta terra não tinha lei, como agora. Todo mundo fazia o que achava que era certo aos próprios olhos.

Enquanto os ladrões podiam ser combatidos, o mesmo não podia ser dito...

...da fome que atingiu a terra.

CAPÍTULO DOIS

À Procura de Esperança

Eu era uma jovem mãe
e Nadabe e Aser eram apenas crianças...
Quando Noemi e sua família foram para Moabe.
Elimeleque. Tenha fé em Deus! Ele irá sustentá-lo.
Eu tenho fé. Mas preciso escolher o que é melhor para minha família.
Jedida!
Noemi!
Então, isso é um adeus.
Vou orar por você e pela segurança da sua família.
Gostaria de poder ficar, mas Elimeleque já decidiu. Ele acredita que Moabe tenha pastos mais verdes.
Não se preocupe conosco, Jedida. Já temos o pai para se preocupar conosco.
Malom!

Se ao menos toda essa preocupação do pai pudesse virar maná do céu, a gente nunca teria fome.
Quiliom! Olha o que fala!
Noemi, já está pronta para ir?
Só um minuto.
Adeus!
Adeus Jedida. Que Deus faça nossos caminhos se encontrarem de novo.
Que vá tudo bem para vocês.

Eles chegaram em segurança a Moabe.

E mesmo que tenham encontrado pastos mais verdes, continuava difícil viver lá.

Até que um dia...

O infortúnio levou a vida de Elimeleque.

A vida não ficou mais fácil, mas a família deu um jeito de se estabelecer.

Malom e Quiliom até encontraram esposas entre as moabitas.

Os nomes delas são Rute e Orfa.

Por dez anos eles viveram pobres, mas felizes.
Me fale mais sobre seu Deus.
Está escrito assim. "No princípio Deus criou os céus e a Terra."

Até que a tragédia atacou outra vez.

Pegue essas bolsas.
Mãe, o que está fazendo?
Estou indo embora!
O QUÊ?!

Aonde você vai?
Vou voltar para Belém.
Por que tão de repente?

Eu ouvi ontem na cidade que o Senhor visitou Seu povo e lhe deu comida.

Mãe, você não precisa trabalhar, nós vamos cuidar de você.
Viúvas podem colher os grãos que os ceifeiros deixam cair no campo.
Então vai ser mais fácil para pessoas tão velhas quanto eu juntarem comida todo dia.

Minhas filhas, eu quero que vocês duas...
Vocês... Voltem para suas famílias.

O quê?
...

O que você está dizendo?
Não! Nós vamos com você!

Vão, minhas filhas voltem para a casa de suas mães.

E que Deus recompense sua bondade com seus maridos e comigo.

Que Deus lhes abençoe com a segurança de outro casamento.

Não! Nós queremos ir com você para seu povo.

Por que vocês iriam comigo? Ainda posso ter outros filhos que cresçam para serem seus maridos?

Aqui vocês podem casar de novo. Mas se forem comigo não terão nada.

Por favor, não nos mande embora!

O próprio Deus ergueu o punho para mim.

E dói ver vocês sofrendo junto comigo.

AHHH!! Não posso!
Calma querida, está tudo bem.
Vão.
Adeus, mãe.
Adeus, Rute.
Sua cunhada voltou para seu povo e seus deuses.
Você devia fazer o mesmo.
Não vou te deixar.
Onde quer que você vá, eu vou. Onde quer que viva, viverei.
Seu povo será meu povo, e seu Deus será meu Deus.
Onde quer que morra, eu morrerei, e lá serei enterrada.
Que o Senhor me castigue se eu permitir que alguma coisa além da morte nos separe!
Quando Noemi viu que Rute estava determinada a ir com ela, não disse mais nada.

CAPÍTULO TRÊS

Uma luz de esperança

Então as duas continuaram até chegar em Belém.
Não é a...?
Não pode ser!
Jedida!
O que foi?
Venha rápido! Veja quem voltou!
UGH!
Noemi! Noemi!
Continue andando.
Elimelique está com você? Onde estão Malom e Quilion?
Espere, Noemi!
NÃO ME CHAME DE NOEMI!!!

Me chame de Mara!

Porque Deus fez a vida muito amarga para mim.

Quando saí daqui, eu tinha tudo, mas o Senhor me fez voltar sem nada.

POR QUE ME CHAMAR DE NOEMI?

Me larga, Rute!

— Eu sinto muito!

— Quem é ela?

— Ela parece uma Moabita.

— Má sorte hein? É isso que você ganha por se tornar como os pagãos.

— Uau, mãe! Malom tinha dito que sua antiga casa era grande, mas eu nem fazia ideia!

— Tranque o portão quando entrar.

— Essa árvore parece que precisa ser regada.

— *Ai, ai* Está ficando escuro agora. Farei isso logo que acordar amanhã de manhã.

32

Bom dia, mãe! Como está se sentindo?
Cansada.
Eu enchi essas jarras com água fresca.
Tem mais alguma coisa que quer que eu pegue?
Não.
Hã, tudo bem. Gostaria de algo para comer?
Não importa, não estou com fome!
Mãe!

Você disse que nós poderíamos recolher o resto de cevada nos campos aqui.
Eu posso ir e pegar um pouco para nós.
Deixe que eu vá até as plantações para catar as espigas que ficam caídas no chão.
Humpf Você não precisa da minha permissão.
Vá, minha filha.

Nos campos de cevada

Olha!
É o mestre!
Bom dia para todos! Que o Senhor esteja com vocês!

O Senhor o abençoe!
O Senhor o abençoe!
O Senhor o abençoe!

Como está indo a colheita?
Tudo está indo bem, mestre.
Quem é aquela moça ali?
Ah, aquela mulher! Você soube que sua parente, Noemi, está de volta?
Sim, eu queria ir até lá vê-la, mas ela não está aceitando visitas.
Essa mulher é a moabita que veio com ela.
Jedida falou com ela no poço esta manhã.
Ela perguntou sobre sua decisão de vir até aqui com Noemi.

Você disse para ela não trabalhar no canto do campo? Que ela está segura entre nossos trabalhadores?

Sim, mestre, mas ela insistiu que está tudo bem.

Capataz.

Sim, mestre?

Aqueles homens trabalham para mim?

AAAAAHH!!

?!

Saia daí.

Você é dos campos de Arão, certo? O que faz aqui?

Hããm...

Eu sugiro que volte ao trabalho.

Esta mulher aqui está sob minha proteção!

E você nunca entrará nos meus campos outra vez.

Sim, mestre!

Quanto a você...

Está tudo bem, não precisa ter medo de mim!

Obrigada senhor, você é...

Me chamo Boaz, sou dono dos campos.

Ah! Eh... prazer em conhecer, mestre! Eu sou...

Sim. Eu sei quem você é.

....

....

Enfim, vamos caminhando?

Sim, sim.

— Agora escute, minha filha.

— Não vá catar espigas em nenhuma outra plantação. Fique aqui e trabalhe perto das minhas empregadas...

— Preste atenção e fique com elas no campo onde vão cortar espigas. Eu dei ordem aos empregados para não mexerem com você.

— E quando tiver sede sinta-se à vontade para tomar da água que elas retiram do poço.

— O que eu fiz para merecer tanta bondade? Sou apenas uma estrangeira.

Sim, eu sei.
Eu ouvi falar de tudo o que você fez pela sua sogra, desde que o seu marido morreu.
E sei que você deixou o seu pai, sua mãe e a sua pátria e veio viver entre gente que não conhecia.
Que o Senhor, o Deus de Israel, te dê uma grande recompensa por tudo o que você fez.
Sob cujas asas você veio se abrigar!

Obrigada, senhor.
Você me consolou quando me falou com tanta bondade, mesmo que eu não seja um de seus trabalhadores.
Agora você deveria voltar para a sua colheita.
Lembre-se de ficar perto das outras mulheres.

CAPÍTULO QUATRO

A Incerteza

Ei, Rute.
Venha! Vamos almoçar.
Oh! Hã... Está bem. Vão vocês na frente.
Desculpe, Rute. O mestre insistiu que levássemos você junto.
Você pode pôr seu feixe daquele lado.
Oh, tudo bem.

Passando! Sinceramente, garoto. Não está tão quente assim, você precisa ser mais forte que isso!
Obrigado, cozinheira.
É um prazer Mestre.
Rute, por aqui. Sirva-se de algo.
Você tem que provar isso.
Molhe no vinho antes.
Bom né?

Argh, mas estou tão cheia!
Você consegue.
Coma! Precisamos acabar com toda comida.
Ela guardou parte de sua comida.
Obrigada pela refeição. É melhor eu voltar ao trabalho.
Ela é tão trabalhadora!
Espere por mim! Vou junto.
Eu também!
Homens, me escutem.
Deixem a Rute colher grãos direto do meio dos feixes sem pará-la.
Retirem algumas espigas de cevada dos feixes e os deixem cair de propósito para ela. Deixem que ela os recolha. E não dificultem!
Sim, mestre.

Você tem uma queda por ela?

O quê?

Ela é nora da minha parente.

É o mínimo que posso fazer por elas.

— Mãe, cheguei!

— AH!

— O que está carregando?

— Por quê? A colheita, é claro! Tive que emprestar outro saco.

— E alguns grãos assados do almoço também!

— Tudo isso?

— Os ceifeiros deixam cair muito, enquanto trabalham.

— Onde você colheu hoje?

O homem com quem trabalhei hoje se chama Boaz.
Boaz? Filho de Salmom? ESSE BOAZ?!
Sim. Tem algo errado, mãe?
Não, não. Nada errado.
Deus ainda é misericordioso conosco.
Por que Ele não seria?
Que Deus abençoe Boaz!
Ele está mostrando sua bondade conosco e com seu marido falecido.
??
Hã... ok?

Aquele homem é um dos nossos parentes mais próximos, um de nossos resgatadores.
Oh... Estamos em dívida?
Hã, não. Outra hora eu te explico.
Boaz é um bom homem, não é?
Sim. Acho que ele está cuidando de mim. Ele até me disse para voltar e ficar junto com suas ceifeiras...
Até que toda a colheita tenha sido feita.
Mãe, por que está me olhando assim?
Então, fique com as jovens durante toda a colheita.
Você pode ser assediada em outros campos, mas estará a salvo com ele.
Agora vá se lavar. Vou preparar o jantar.
Fico feliz por você estar mais alegre.

Assim, Rute ficou próxima às jovens no campo de Boaz...

Procurando alguém?

Juntando grãos com elas até o fim da colheita de cevada e trigo.

E ela morava com sua sogra.

Não.

Então, numa noite...

Tem certeza de que ele vai estar no campo esta noite?

Sim, os outros confirmaram.

Por que você fica perguntando?

Bem... Venha, sente-se comigo.

Está com aquela cara de novo.

Lembra que eu mencionei que o Boaz é nosso resgatador?

Você parece suspeita, mãe.

Nada disso! Chegue mais perto, eu não mordo.

COCHICHO *COCHICHO* *COCHICHO*

Veja...

E você quer que eu faça O QUE?!

Você não gosta dele?

Não, eu gosto! Mas isso é tão... Constrangedor!

Então me escute!

Minha filha, está na hora de encontrar uma casa permanente para você, para que você seja fortalecida.

Você ainda é jovem, e eu não quero que passe o resto de sua vida recolhendo comida.

Confie em mim.

Agora tome um banho...

E coloque um perfume...

E se vista com sua melhor roupa.

— Pera aí, Boaz! Com certeza tem uma mulher aqui em Israel de quem você goste!

— Haha! Não veem que ele só tem olhos para a trabalhadora Rute?

— É? Por que não procura ela? Ela é uma mulher de Deus agora.

— Isso importa? Ela nunca nem consideraria alguém velho como eu.

— Alguém mais jovem vai combinar melhor com ela.

— AH! Se você é velho então eu já estou morrendo!

ha ha ha

ha ha ha

— Enfim, eu vou para a cama. Boa noite!

— Boa noite, mestre Boaz!

Uuuaah!

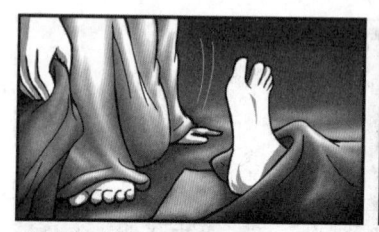

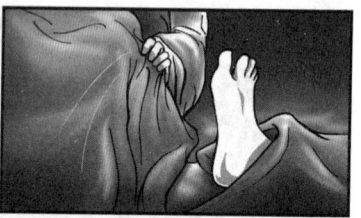

Finja que não está aqui.
Não pense nisso... Hã.
Um carneirinho, dois, três,
quatro...

CAPÍTULO CINCO

O brilho do sol após a chuva

calafrio

MAS O QUÊ...?!

Quem ou o que é você!? Se identifique!

Mestre Boaz! É a Rute, sua serva!
Rute? O que faz aqui?
E por que está vestida assim?
??
Hã... É meu melhor traje... Eu... O que eu deveria dizer a você mesmo?
Ah, sim!
Estenda a sua capa sobre sua serva.
Pois você... É nosso resgatador!
...!!
Noemi te colocou nessa?
Rute, isso é um assunto muito sério.
Você ao menos entende o que está me pedindo?

Que estou pedindo para me acolher como sua mulher? Para casar comigo?
Sim, eu sei.
...
Que Deus te abençoe, minha filha! Está mostrando ainda mais lealdade a sua família agora do que mostrou antes.
Pois você não foi procurar um homem mais moço, fosse rico ou fosse pobre.
Não se preocupe com nada minha filha. Eu farei o que for necessário.
Para que todos na cidade saibam que você é uma mulher virtuosa.
No entanto...

Mesmo sendo verdade que sou um dos resgatadores de sua família, tem um homem que é parente mais próximo de você do que eu sou.
Fique aqui esta noite, e pela manhã falarei com ele. Se ele estiver disposto a redimir você, muito bem, deixe-o casar contigo.
Eu... Eu entendo.
Mas se não estiver disposto, então tão certamente como o Senhor vive...
Eu casarei com você.
Você deveria dormir um pouco Rute. Falta muito para amanhecer.
Obrigada por fazer isso, mestre Boaz.
Então Rute deitou-se aos pés de Boaz até a manhã.

Onde ela está?
Como foi?
Há outro resgatador mais próximo do que ele. Mas se aquele homem não quiser casar comigo, então ele vai!
Ele me deu 20 quilos de cevada e disse. "Não volte para sua sogra de mãos vazias"

Que maravilha!
Seja paciente, minha filha, até saber o que acontecerá.
"Aquele homem não vai descansar até resolver esta questão hoje mesmo."
Shalom, primo! Venha até aqui e sente-se. Gostaria de falar com você.
Ancião...
Anciãos!
Por favor, juntem-se a nós.

Primo, você conhece Noemi, que voltou de Moabe. Ela está vendendo a terra que pertencia a nosso parente Elimeleque.
Eu pensei que deveria dizer-lhe isso para que pudesse a resgatar, se assim desejar.
Se você quer a terra, então compre-a aqui na presença destas testemunhas. Mas se não a quer, me diga agora.
Porque, depois de você, eu sou o próximo da fila para resgatá-la.
Tudo bem. Eu resgato!

Claro que sua aquisição do terreno de Noemi também requer...
Que se case com Rute, a viúva moabita.
Assim ela pode ter filhos que levarão o nome do falecido marido e manterão a terra entre a família.
ESPERE!!
Eu.... Eu não posso resgatá-la porque isso pode pôr em risco minha propriedade!
Tem certeza?
Sim, resgate você a terra.
Eu não posso fazê-lo.

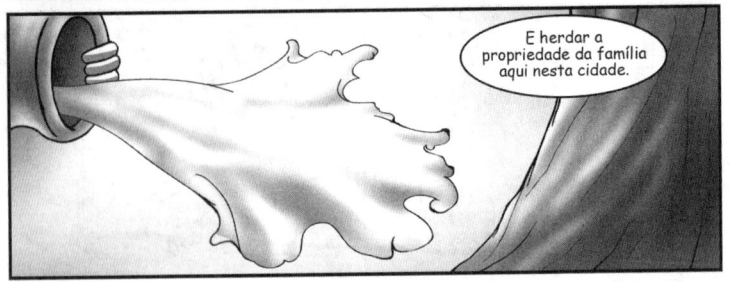

Então eu aceito com alegria, obrigado.

Vocês são testemunhas de que hoje eu comprei de Noemi toda a propriedade de Elimeleque, Quiliom e Malom.

E com a terra eu adquiri Rute, a moabita viúva de Malom, para ser minha esposa.

Deste modo ela pode ter um filho que irá carregar o nome da família de seu falecido marido.

E herdar a propriedade da família aqui nesta cidade.

Vocês todos são testemunhas hoje.

CAPÍTULO SEIS

Restaurado!

No que está pensando, estranho?
Por que está me contando esta história?
Porque creio que há esperança para todo aquele que crê no Senhor.
Assim como Noemi e Rute.
...
Vou deixá-lo à sós com seus pensamentos.

Duas semanas depois
Aser! Precisamos ir agora se não vamos nos atrasar!
E onde estão os presentes?
Estão comigo, mãe.
Tô indo!
Dá uma olhada no nosso hóspede!
Acho que mandei bem com o corte dele.
Algo me diz que nosso estranho vai atrair muita atenção para ele, graças a mim.
Hã... Valeu.
Aser! Não o force a vir se ele não quer!
Eu vou.
Tem certeza?
Sim...

Viu? Eu não forcei ele!
Mas, tá tudo bem se eu não levar presente?
Não se preocupe, eles vão entender!
Não é obrigatório levar presentes.
Além disso, o que eles mais valorizam é a nossa presença na celebração.

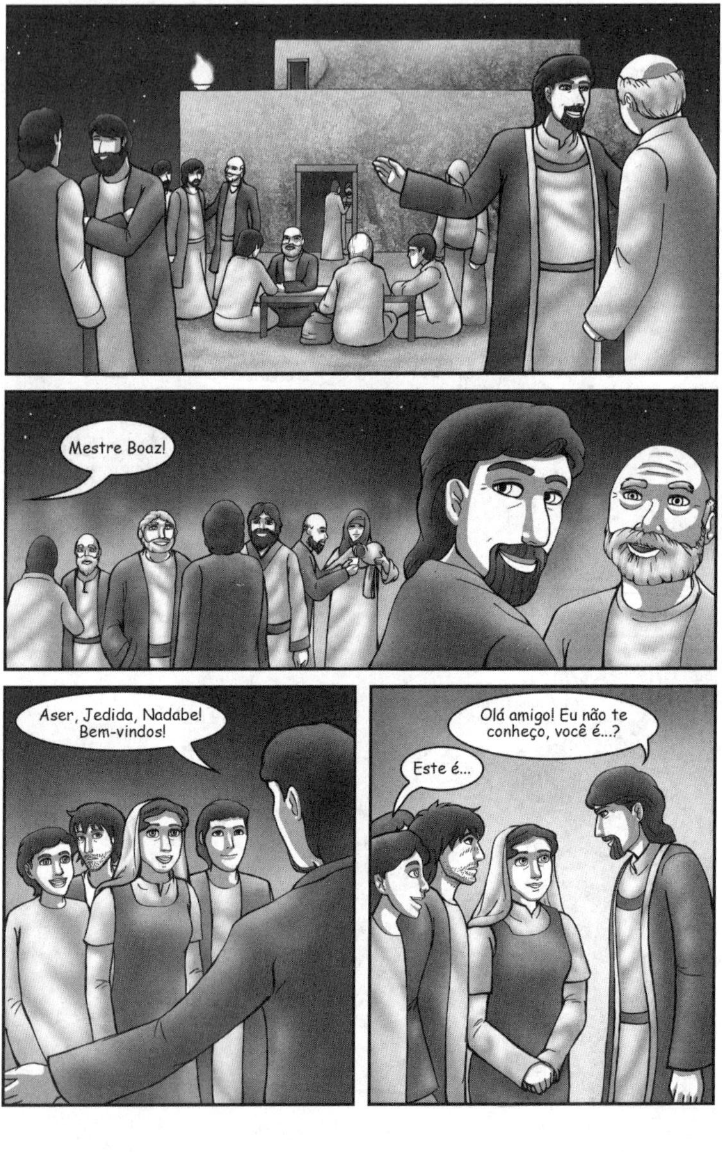
Mestre Boaz!
Aser, Jedida, Nadabe! Bem-vindos!
Olá amigo! Eu não te conheço, você é...?
Este é...

Olhem! É o recém-nascido!
Ele não é lindo?
Parabéns, Rute!
Louvado seja Deus que agora providenciou um redentor para sua família! Que essa criança seja conhecida em Israel.
Que ele restaure sua juventude e cuide de você quando ficar mais velha.
Pois este é o filho de sua nora que te ama e tem sido melhor para você do que sete filhos!

Oi, Rute...

OLÁ.

Jedida me disse que você queria falar comigo.

Não! Quer dizer, sim. Mas eu não quero te incomodar durante sua comemoração.
Por favor, não seu preocupe comigo.
Está tudo bem.
Não é problema ser anfitriã para o meu convidado.
Eu... Eu não sei por onde começar...
Não se apresse...

Como você sabe quando seu sofrimento acabará?
Qualquer um pode ter certeza de ter uma vida feliz outra vez, como você?
Não há uma resposta fácil...
Não posso presumir que entendo a profundidade da dor e perda de outra pessoa.
Nem posso ter certeza de onde a vida de outra pessoa vai dar.
Tudo que sei é que o Deus de Israel...
Sempre cumpre Suas promessas.
Ele esteve com Seu povo nas horas mais sombrias.
E até algumas vezes os salvou de situações impossíveis.

Até hoje Ele permanece o mesmo que era antes. Ele continua cuidando do Seu povo.

Mesmo que eu fosse morrer amanhã, sei que encontraria conforto nele na próxima vida.

E enquanto esperamos pelo Seu tempo, podemos continuar vivendo em obediência às Suas leis.

Essa é a esperança daqueles que se refugiam nele.

Você gostaria de jantar com Boaz, minha mãe e comigo amanhã?

Podemos conversar mais.

Eu...

Claro. Gostaria sim...

Então Boaz foi o Pai de Obede.

E Obede foi o pai de Jessé, que foi o pai de Davi.

E da descendência de Davi, Deus manteve a promessa que fez desde o princípio...

Fim.

O Capitão e a Ladra

Por Heri Kurniawan

UUUAHHHH... Ficar de guarda no poço à meia-noite é um verdadeiro tédio.

Sim, minhas pálpebras estão pesadas e estou ansioso por comida.

Ei, você ouviu alguma coisa?

Ouvi o quê? O som do seu estômago roncando?

Ui...

Tem alguém aí?

Aa... uuu... eee...

Para de me empurrar! O que está acontecendo? Me diga!

FANTASMA!!

Por favor, façam fila!
Todos vão receber a mesma quantidade de água... Uma concha por pessoa.
Senhor, posso pegar mais água por favor?
OOOOPS!
SPLASH!
Desculpe senhor...
Posso pegar...
Desculpe, garoto. Você devia ter mais cuidado.
Agora por favor, dê licença. Muitas pessoas estão na fila para a água.

Snif... snif...

Ei...

Para você. Pode ficar com a minha água.

Obrigado, capitão!

Ontem à noite vimos um fantasma...

Nós lutamos com ele durante toda a noite.

Suas presas eram afiadas como espadas e ele era alto como uma árvore!

E aí... VUPT! Ele sumiu!

Hunf! Não acredito.

Ei, escuta aqui, garoto. Eu ouvi dizer que o fantasma está procurando crianças irritantes como você para abduzir.

Ei... Ei...

Talvez você esteja interessado em ser o próximo?

ham-ham!

Hã, olá capitão...

Caros cidadãos! Estamos sofrendo uma longa temporada de seca.
Não sabemos quando a chuva virá. Até lá, temos que controlar nosso uso de água pelo racionamento.
Mesmo assim alguém roubou água do poço ontem à noite. Já dissemos que a punição é...
...50 chicotadas!
No entanto, estou aumentando a punição para 100 chicotadas!
Espero que não tenha mais casos de pessoas roubando água.
100 chicotadas? Isso equivale a pena de morte, certo?
Sim! Mas roubar em tempos tão difíceis merece a morte!
Isso é justiça!

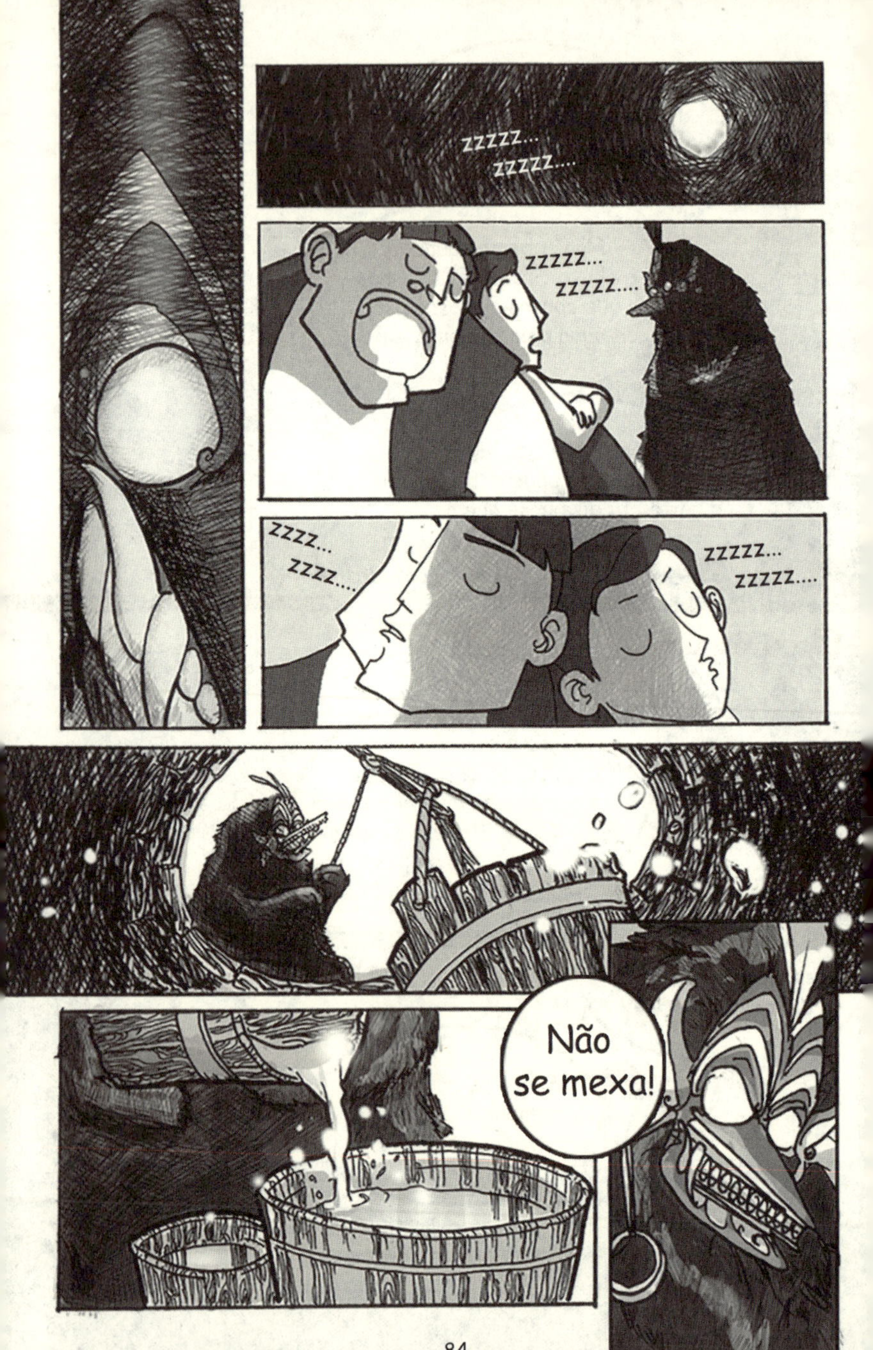
zzzzz...
zzzzz....
zzzzz...
zzzzz....
zzzz...
zzzz....
zzzzz...
zzzzz....
Não se mexa!

Abaixe as jarras e se renda pacificamente.
Você está cercado! Não pode escapar.
Tirem a máscara dele!
Agora, vamos ver quem está por trás da máscara!

NÃO PODE SER!
É a mãe do capitão!
Então é a mãe dele que vem roubando nossa água?!
O que você vai fazer, capitão?
Prendam-na!
Amanhã puniremos a ladra!

No dia seguinte...

Venham e se reúnam aqui!

Esta é a ladra

Que vem roubando nossa água

Eu tenho certeza que o capitão terá misericórdia e poupará sua própria mãe da punição.

Não, isso seria tão injusto!

Como pode um filho matar sua própria mãe?

Mas como pode um capitão permitir um ladrão sair impune?

O chicote está pronto chefe!

"Mãe, eu te amo..."

Por que ele está tirando sua própria coroa e roupas militares?

"Mas a justiça precisa ser feita."

Meu filho...

O amor precisa ser praticado...

...Mas a justiça não pode ser negligenciada.

Então, vamos começar a conta.

Eu vou suportar sua punição.

O capitão protegeu sua mãe se sacrificando.

Naquele dia, todos presenciaram amor e justiça sendo exercitados ao mesmo tempo.

Assim como o Senhor Jesus fez...
O Filho de Deus morreu em uma cruz
pelos pecados que Ele não cometeu...

Porém ele estava sofrendo
por causa dos nossos pecados,
estava sendo castigado
por causa das nossas maldades.
Nós somos curados pelo castigo
que ele sofreu,
somos sarados pelos ferimentos
que ele recebeu.

—Isaías 53:5

...Para que todo aquele
que nele crê não morra,
mas tenha a vida eterna.

FIM.

APLICAÇÃO PESSOAL

Não basta saber que Cristo Jesus morreu por nossos pecados; nós devemos crer e receber o presente de Deus da salvação.

Saber que Cristo morreu — isso é história. Crer que Ele morreu por mim — isso é salvação.

No entanto, a decisão de receber o presente da salvação é sua. O apóstolo João escreveu, "Veio para o que era seu, mas os seus não o receberam. Contudo, aos que o receberam, aos que creram em seu nome, deu-lhes o direito de se tornarem filhos de Deus" (João 1:11,12 NVI).

Há várias formas de dizermos a Deus que aceitamos esse presente. O que importa é que creiamos nele o suficiente para dizer algo parecido com o seguinte:

> *Deus, eu sei que pequei contra ti. Creio que Jesus é Teu filho, que Ele morreu na cruz para pagar o preço dos meus pecados, e que ressuscitou dos mortos para me salvar. Aceito, agora, Tua oferta de completo perdão e vida eterna. Aceito Jesus como Teu presente para minha salvação.*

Se esse for o verdadeiro desejo do seu coração, você acaba de entrar em um relacionamento pessoal com Deus!

Pão Diário: Para reflexão e oração

Bênção inesperada

Noemi e Rute se uniram em uma situação "não ideal". Para escapar da fome em Israel, a família de Noemi se mudou para Moabe. Enquanto viviam lá, seus dois filhos casaram com mulheres moabitas: Orfa e Rute. Então os filhos e marido de Noemi morreram. Naquela cultura, as mulheres dependiam dos homens, o que deixou as três viúvas em uma situação difícil.

> Rute 4:15
> ...A sua nora, a mãe do menino, a ama; e ela vale para você mais do que sete filhos.

Noemi ficou sabendo que a fome em Israel tinha acabado, então ela decidiu fazer uma longa viajem para casa. Orfa e Rute começaram a ir com ela, mas Noemi insistiu que elas voltassem para suas casas.

Orfa foi para casa, mas Rute continuou com ela, afirmando que acreditava no Deus de Noemi, apesar da fé frágil da sogra (1:15-18).

A história começa com situações totalmente desagradáveis. Fome, morte e desespero (1:1-5). Mas mudou de rumo devido à demonstrações de imerecida bondade: de Rute para com Noemi (1:16,17; 2:11-12) e de Boaz com Rute (2:13,14).

A história envolvia pessoas improváveis: duas viúvas (uma judia idosa e uma jovem gentia) e Boaz, filho de uma prostituta (Josué 2:1; Mateus 1:5).

A história dependia de uma intervenção inexplicável. "Por acaso" Rute estava colhendo no campo de Boaz (2:3).

E terminou com uma bênção inimaginável. Um bebê que estaria na linhagem do Messias (4:16,17).

Deus faz milagres através de algo que parece insignificante: uma fé frágil, bondade e pessoas comuns.

—Julie Ackerman Link

■ **Leia a Palavra de Deus diariamente.**
Solicite receber o livreto do devocional *Pão Diário* pelo *email*: brasil@paodiario.org

JOSÉ

O VENCEDOR

A história de José contém elementos dramáticos e em toda a trama, você vê a mão de Deus agindo. Durante altos, baixos e reviravoltas o Senhor cumpre os Seus propósitos. A vida de José é um exemplo de que Deus permanece no controle em todas as situações.

MANASSÉS

A VOLTA DO REI

Do palácio real a uma cela de prisão, a história de Manassés fala sobre um homem que foi educado nos caminhos do Senhor, mas que se afastou dele durante sua idade adulta. Embora distante de Deus, o Senhor não o abandonou. Na escuridão de sua cela, o rei se volta para o verdadeiro Deus. Veja como o firme e constante amor divino gerou a transformação na vida deste homem.

MANASSÉS
A VOLTA DO REI

CONECTE-SE

CURTA nossa página Pão Diário #Oficial no *Facebook* e: acesse, gratuitamente, os devocionais de *Pão Diário*, participe de nossas campanhas de intercessão, leia e assista testemunhos da ação divina que resultou em vidas transformadas e mantenha-se informado sobre lançamentos e promoções em nossa livraria virtual.

COMPARTILHE o conteúdo dos devocionais *Pão Diário* com seus amigos de todo o Brasil. Sempre há alguém precisando de uma mensagem de encorajamento.

CONVIDE seus amigos para curtirem nossa página para que eles sejam abençoados por um conteúdo cristão relevante e edificante.

/paodiariooficial

INSPIRAÇÃO PARA O CAMINHO!

O devocional mais lido do mundo agora pode ir com você aonde você for!

Nossas meditações podem ser facilmente acessadas de várias formas eletrônicas:

APLICATIVO MÓVEL: basta acessar paodiario.org/aplicativos-moveis e baixar gratuitamente na loja virtual.

POR EMAIL: acesse nosso *site*: paodiario.org/formulário-de-pedido, preencha o formulário e receba diariamente nossos devocionais em sua conta de *email*.

ACESSO ON-LINE: acesse nosso *site* e desfrute das meditações que são publicadas todos os dias.

Ministérios Pão Diário não é financiado por nenhuma organização ou denominação. São as ofertas de nossos leitores, mesmo as menores, que nos possibilitam prosseguir em nossa missão de tornar a sabedoria transformadora da Bíblia compreensível e acessível a todos.